AF220119

# SEHNSUCHT, FLUCHT & HEIMATSBUCHT

*Gedichte und Gedanken*

*von*

*Jennifer Eireen Haas*

Bibliografische Information der Deutschen Nationalbibliothek: Die Deutsche Nationalbibliothek verzeichnet diese Publikation in der Deutschen Nationalbibliografie, detaillierte bibliografische Daten sind im Internet über dnb.dnb.de abrufbar.

Herstellung und Verlag: BoD - Books on Demand, Norderstedt

ISBN: 978-3-7557-3480-2

*Mit Illustrationen*

*von*

*Jennifer Eireen Haas*

# Vorwort

*Es sind die Gedanken die immer wieder zurück kehren. Es sind die
Stimmen unserer Sprache. Es ist die Dunkelheit, die uns einnimmt und
uns verschlingt. Die Schatten, in denen wir uns allmählich verirren.
Und doch finden wir zurück.*

*Das Licht in uns strahlend.
Der Sinn in uns leuchtend.
Die Stimme in uns singend.*

*Wir können nur dorthin fliehen wo wir uns selbst begegnen.*

*Dann haben wir die Wahl.*

*Ich bin gewandert und wieder eingekehrt. In meinem Herzen, in meiner
Seele, in mir selbst.
Mögen sich die Herzen in euch ebenso wenden und eure Stimmen euch
den Klang der Freiheit und den Klang eures zu Hauses vorsingen. Auf
dass wir gemeinsam einkehren, in der Heimat unserer Wahrheit. In
unserem inneren Frieden. In unserer Liebe.*

*Ich bedanke mich für alles was mir schon gelehrt und gezeigt wurde. Für
alles was ich bereits erfahren und weitergeben durfte. Ich bedanke mich
bei all denen, die mir auf meinem Weg bisher begegnet sind. All die
Unterstützung, die mir geschenkt wurde. Die Herzlichkeit, die
Menschlichkeit und das Sein, das wir gemeinsam kultivieren.*

*Ich bedanke mich bei allen Menschen die gegangen, bei allen die
geblieben sind, und bei allen die noch kommen und gehen werden.
Lasst uns in meiner Heimatsbucht baden.*

*2021*

# Wo fängt sie an?

Wo fängt sie an
und wo hört sie auf
der Schmerz schmerzt sehnlichst
Sehnsucht brennt sich ein
gemein und ungeheuer
macht sie dich
der Preis ist teuer
und die Sprache spricht
sie laut und deutlich
Kompromisse gibt es nicht
das letzte was sie birgt
vermisst man nicht
die Kreuzung aus
der Freiheit
und dem Freier,
dem zur Liebe
Stolz und Anmut dienen
und dem Gelde,
das du zahlst, der Preis fatal
die Nächte kahl und
kühler wird es in den Wolken
womöglich wächst hier auch das Kind
der Dunkelheit,
das weit und breit zu schreien droht
sich wälzt in Not
denn alles was beginnt
zerrinnt,
der Bach bergab,
bergauf
hinauf zum Glück
hoch und höher nur
zurück
will keiner mehr
denn womöglich siehst du nicht
das Kind zerbricht
das schwarze Loch
frisst sich durch dein Universum
und womit alles nun begonnen hat
wird es auch enden
mit leeren Händen
wirst du mich wiederfinden,
deine raubten meinen nicht nur Gut,
auch Mut und Stärke
Kraft und Härte,
musste ich den Speicher
meiner Mühe
doch verbrauchen
hört mein Kopf nicht auf zu rauchen

# Wo fängt er an?

Wo fängt er an?
und wo hört er auf,
der Schmerz schmerzt sehnlichst,
Sehnsucht brennt sich ein,
gemein und ungeheuer
macht er dich,
der Preis ist teuer,
und die Sprache spricht
er laut und deutlich,
Kompromisse gibt es nicht,
das letzte was er birgt
vermisst man nicht,
die Kreuzung aus
der Freiheit
und dem Freier,
dem zur Liebe
Stolz und Anmut dienen
und dem Gelde,
das du zahlst, der Preis fatal
die Nächte kahl und
kühler wird es in den Wolken,
womöglich wächst hier auch das Kind
der Dunkelheit,
das weit und breit zu schreien droht,
sich wälzt in Not
denn alles was beginnt
zerrinnt,
der Bach bergab,
bergauf,
hinauf zum Glück,
hoch und höher nur
zurück
will keiner mehr,
denn womöglich siehst du nicht
das Kind zerbricht,
das schwarze Loch
frisst sich durch dein Universum
und womit alles nun begonnen hat
wird es auch enden,
mit leeren Händen
wirst du mich wiederfinden,
deine raubten meinen nicht nur Gut,
auch Mut und Stärke
Kraft und Härte,
musste ich den Speicher
meiner Mühe
doch verbrauchen
hört mein Kopf nicht auf zu rauchen

# Die Lüge

Da saß sie
klein,
und sagte nichts
still und stumm verhielt sie sich
dennoch war sie sehr präsent
und vehement
beklagte sie
die Ironie

# Drehung

der Wind weht die weite Welt hinfort
die Erde dreht sich nimmer mehr
stehen geblieben
der letzte Ort, den diese Seelen noch bewandern werden
still und heimlich, schleicht sie sich ein
wie ein Bandwurm
und frisst dich Stück für Stück auf
wird dabei größer und stärker
bis sie dich erwürgt

hoch hinaus
und höher mit den Wolken
fliegen Träume
wurden wahr
und die Erinnerungen bleiben rar

# Es

Pochend
herzhaft kochend
dröhnend
und durchdringend

singend
ringend
innen drin

hüllend,
schleiernd
um den Sinn

Drüber, drunter
überall
brennend, stechend
heißer Schwall

Augen, Ohren, Nase
taub
eiskalter Raub

Früher, später,
jeder Zeit
niemals weit
allzeit bereit.

# Spion

Ich hatte schon immer das Gefühl, dass du mir nachspionierst.
Ich kann dich hören, wenn du dich leise durch die Wohnung tastest.
Deine Füße noch so sanft den Boden streifen, und doch hinterlässt dein
Atem eine Spur in der Luft.
Ich fange an zu zittern, bei dem Gedanken.
Ich fange an mich zu fragen, wer von uns beiden der Verrückte ist.
Ich schließe die Augen.

Da liege ich und kann mich nicht bewegen.
Jedes Geräusch scheint so unsicher zu sein, dass die kleinste Bewegung
es in Frage stellt.

Es scheint mir unmöglich, und doch starre ich gefangen auf die Türe.
Ich spüre deine Anwesenheit.
Ich fühle deinen Blick.
Das Schlüsselloch entblößt mich.

Ein Hirngespinst.
Eine Erfindung.
Und doch ist sie dem allem entsprungen, was man nicht erfinden kann.

Es dreht sich langsam, das Spiel hat ein Ende. Ich habe es geschafft dich
zu täuschen, denn ich bin hell wach. Doch der Blick meiner Augen lässt
mich träumen, denn diese Realität ist unvorstellbar. Wenn unwirkliches
wirklich wird, und der Albtraum die Nacht überschreitet, in deine Welt
hinein und du die Augen noch so fest verschließen kannst. Es ändert
nichts daran. Und doch ändert es alles.

Nur wenn ich schreibe fühle ich mich sicher. Als ob die Worte deine
Schritte bedecken, mit jeder Taste habe ich einen Ausweg, um mich dir
nicht zeigen zu müssen.
Mit wem flüsterst du?

Endlich.
Die Türe zwischen unseren Seelen ist erstmal eine Sicherheit.

Und doch höre ich die Stimmen, durchdringend, in meinem Kopf.

# Bewegungslos I

Wenn du liegst.
Still und einsam.
Du spürst die Kälte auf deiner Haut, doch sie stört dich nicht.
Du genießt es zu frieren und entscheidest dich gegen jede Bewegung, die den Moment zerstören würde.
Dein Kopf ist voll, deine Gedanken drehen sich. Und ein Schwall der Gefühle rauscht durch deinen Körper. Noch nie zuvor hast du tiefste Trauer, Bedauern und Glückseligkeit zugleich gespürt.

# Bewegungslos II

Ein bisschen beruhigt mich der Regen, der ziemlich laut und gleichmäßig auf die Straße fällt. Mein Fenster ist weit geöffnet und draußen bedecken dunkle Wolken den Sonntagshimmel.
Abgesehen vom Gewitter ist es außergewöhnlich ruhig – fast schon still – auf den Straßen der Stadt, wodurch das Naturschauspiel noch besser zur Geltung kommt. Der Donner ist laut und kraftvoll, die Blitze beeindruckend und hell. Die Gefahr erinnert daran, dass wir nicht alles zähmen können in der Natur.
Wir sind ausgeliefert. Gefährlich – und doch berechtigt – hat alles seinen Platz. Seine Aufgabe. Seine Daseinsberechtigung.
Der Regen berührt mich auf eine sonderbare Art und Weise, und plötzlich fühle ich mich gelassen und zufrieden. Vielleicht auch wahrhaftig glücklich. Zumindest für einen Moment bin ich dankbar, und in genau diesem überfallen Tränen mein Gesicht, und der Schmerz und die Freude quellen gleichzeitig aus mir heraus.
So lange bis ich mich ausgespült und entladen fühle, und eine schleichende Leere kommt und mich einnimmt. Wie auch der Regen langsamer wird, und dann ist es still.

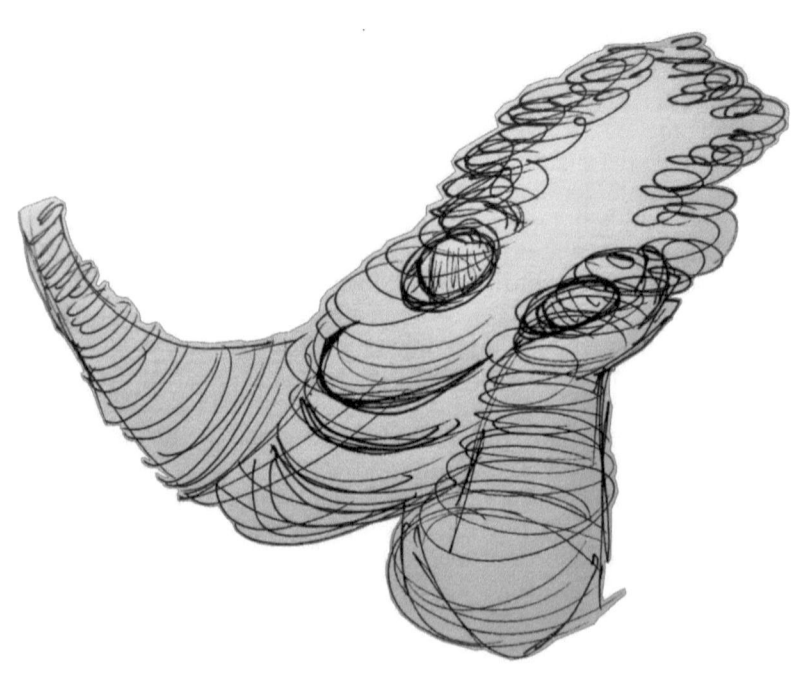

# Heiser

Meine Stimme bricht unter der Last
und du bist noch da, doch es stört dich nicht

Wie der Wind nun weht, und du siehst zu
wie sich die Erde immer weiter dreht

Hält die Bewegung dich im Zaum,
das Zimmer und der Raum, werden nun zu einem Traum

Immer hin und immer her, der Sand, das Meer,
die Wellen stellen sich nun quer,

doch statt hindurch, gehst du umher.

Willkommen
steht auf meiner Brust geschrieben
Willkommen
hörst du, laut geschwiegen

Willkommen
steht auf meiner Brust geschrieben
Willkommen
denkst du, willst mich lieben

Nun bist du
Gefang'ner deiner Triebe
und mit laut gedachten Worten
werden aus den Blicken Hiebe

Willkommen
steht auf meiner Brust geschrieben
Willkommen
siehst du, willst mich kriegen

und willst dich
in Wahrheit
nur vergnügen.

und dafür mich,
gediegen,
nun besiegen

doch die Welt verändert sich
und die Blicke, innerlich
erinnern dich
an deine Werte

Willkommen
steht dort nicht geschrieben
Willkommen
sag ich, Zeit zu fliegen

wer mit Mut dazu,
nun Geist und Seele reift,
der Begreift,

Willkommen kann man nicht erwarten
kann man nur erlangen
wenn man eingeladen wurde
kann man nur empfangen
freien Willens
kann man nur empfinden
wenn Bereitschaft Basis ist
und Vertrauen, nicht vermisst

Wenn die Emotionen spüren
wenn respektvoll hinter Türen
umgegangen wird,
Wenn die Augen tanzend nun
das Ganze blicken und die
Münder nun die
Seele noch erquicken


Wenn der Wille kommt
zu geben,
mit Respekt
nur dann,

Willkommen.

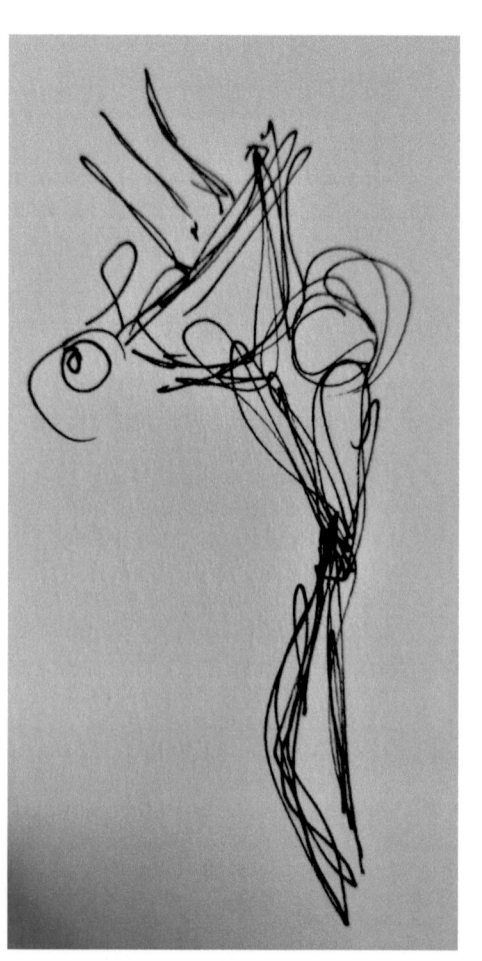

# Gewässer

Die Brunnen der Wahrheit
quellen
über
den Rand, der sanft besamt mit Pollen
von Blüten der Weisheit
Wasser der Reinheit
klar und klärend
spiegelnd, nass
Brunnen, komm
nimm dir ein Fass
bring das Wasser
in die
trockenen Gebiete
dort wo Wahrheit
trüb bestimmt,
mit den Lügen
sich gesinnt

# Das Spiel

Manchmal fühlte sie sich so alleine.
Doch eigentlich hatte sie alle Namen in ihrem Kopf, all die Gesichter, all die Erinnerungen der Menschen, die ihr Leben bereichert haben.

Doch wo sind sie nun?
Sie dreht sich um, doch sie ist allein.
Weit und breit niemand der ihr Herz schreien hört.
Das Bewusstsein darüber lässt sie einen dicken, schweren Kloß im Hals herunter schlucken.

Das Gelächter und die schönen Stimmen...
Wo ein Austausch schöner Worte einst gegeben war, waren nur noch entfernte Momente ihrer Erinnerung.

Schon einmal hatte sie sich so gefühlt.

Wo ist sie denn hin, die ganze Liebe, die ihr sonst wie warmer Honig den Magen füllt?
Wo ist das Vertrauen hin?
Mittlerweile kann sie sich kaum noch verstecken.
Hinter dem Deckmantel der Angst.
Unter der behutsamen Wut.
Glasklar sieht sie die Scheibe der Wahrheit, nachdem sie mühsam all den Schwindel und die Verblendungen endlich wegkratzen konnte.

Nein, mittlerweile birgt das Versteckspiel kein Ende mehr bei dem sie scheinbar gewinnen kann.
Sie hatte sich gestellt und wurde dafür belohnt.
Doch nun?
Wohin ist ihr Vertrauen?
Welch betrübte Brille wurde ihr dieses Mal aufgesetzt?

Nein – sie schien entschlossen. Sie würde sich nicht mehr gefangen nehmen lassen. Sie wusste von der Illusion, sie kannte die Kartentricks und optischen Täuschungen allzugut.
Sie war schließlich die Zauberkünstlerin in ihrer eigenen Show.

Langsam legte sich der Nebel.
Ruhig und bedacht streckte sie eine Nase voll Optimismus gen Himmel.
Die Luft war klar und tat ihr gut.
Sie strich ihr wie ein feuchtes Tuch über das Gehirn, sodass sie auf einmal nicht mehr wusste was ihr einst so trüb und drückend erschien.
Sie atmete auf, und spürte wie die klare, frische Luft ihren wachen Geist kitzelte...
als sei es ein Spiel gewesen.

# Neuland

Nass auf meiner Haut
*so unvertraut*

bin ich doch geboren
*fest verfroren*

Nun steh ich hier
*und dreh' mich durch die Welt*

Sündhafte Sommer Luft
*so wie sie mir gefällt*

Beim Anblick lang vergess'ner Wunder
dieser Erde
*stehl' ich Pferde*

Beim Lauschen der Musik des Sommers
werde ich zum einem
*Sonnenkind*

In den Ritzen dieser Tage
*versteckt sich tief nur diese Klage*

Und ich weiß nun nimmer mehr
was einst so schwer
*erscheint*

Wie es der Winter meinte

Denn plötzlich schien er nur
zu lügen
*abermals zu trügen*

Fast hätte er mich eingesperrt
*Hat er doch so sehr an mir gezerrt*

Ich bin hellwach
und mach
*nun den Tag zu 'nem Gedicht*

die and're Welt erkenn' ich nicht.

# Dann

Was wäre wenn
wir wieder denken würden,
dankend unsere Schranken heben?
Und dem Leben wieder Raum
für Freude geben
und zum Lieben wieder uns bewegen
die Angst ablegen
das Gefühl von Reichtum hegen?

Was wäre wenn
wir nicht mehr
Angst und Wut erleben
Brand und Krieg bewegen
Schand und Diebstahl pflegen?

Was wäre wenn
wir uns nicht mehr selbst betrügen
würden
und das Lügen
einstellen und das Trübsal
waschen, während
wir nun sauber werden, klärend?

# Glücksmomente

Ein Glücksmoment

etwas Kleines
das jeder kennt

für den einen hier
für den anderen da

für den einen oft
für den anderen rar

für den einen laut
und leicht zu erkennen

für den anderen,
im Nachhinein erst zu benennen

für den einen,
selbst mit kreiert

für den anderen,
geschenkt und nicht plädiert.

Fang an zu zählen,
sie aufzuschreiben

auszudehnen

und vielleicht
kannst du irgendwann

hüllend in dem hellen schein,
füllend aus der Quelle, rein

in Gedanken dankbar sein

für das Glück
in dem Moment

in dem man Glücksmomente
ganz erkennt.

## Die Träumerin

Sie träumte
davon ein Chamäleon zu sein.

Erinnerungen an verblasste Nächte
wache
echte
mühelos Gelächter
durchzechte Betten
aufgedeckte Decken
entfernt die Welt

doch hier
nur Ecken
und Kanten

bekannte
Funken
fliegen

Hier war sie,
doch wo ist sie nun?

Wohin hat sie
ihr tun
getragen?

Wofür ist sie
nun zu haben?

Weiter geradeaus,
noch drehte sie sich einmal um
und schaute raus
zu denen, die sie
mal Bekannte
nannte

zu jenen,
die ihr viel
zu tragen gaben
jene, die sie nicht ertragen
mussten,

weil sie damals
noch die Farbe annahm,

Purpur,

das Chamäleon

entschlossen,
ein Mysterium,

das wiederum
nur davon träumte,
mal ein Mensch zu sein,
mal echt
und rein,
die Welt zu sehen,

die anderen zu erblicken,
das verschmähte
zu entdecken

und das Verstecken
aufzugeben

die Träumerin,
erwachte.

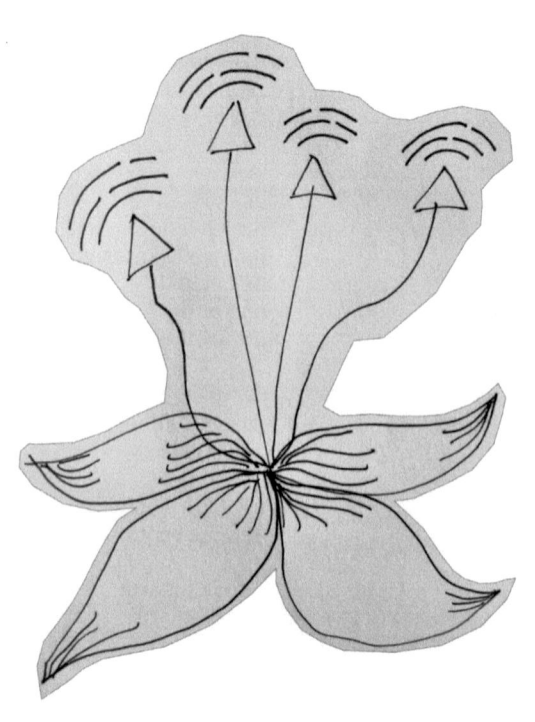

# Wachstum

mein Kind.
wo warst du?
in den Bergen.
bei den Blumen.
hinter all dem Trubel dieser Welt.

mein Kind.
was willst du?
hier und dort sein.
wo die Herzen sehen.
was ich erblicken kann.

mein Kind.
wer bist du?
Seele der Natur.
Friedensbringer, Freiheitskämpfer.
ein Spiegel deiner selbst.
ich bin du.

mein Kind.
was machst du?
freuen, freundlich grinsen.
spinnen, sausen, mit Banausen.
Wissen bringen, weitergeben.
nach der Wahrheit streben.

mein Kind.
du bist sehr groß geworden.
stark und voller funkeln.
ziehe in die Welt hinein.
strahle nun im dunkeln.

mein Kind.
was kann ich von dir lernen.
hier sind wir nun vereint.
die ganze Zeit schon sah ich uns,
nicht weit entfernt.

mein Kind
nun kannst du selbst
gebären, nähren.
geben, streben, und dem Wesen
zeigen was es braucht im Leben.

mein Kind
nun bist du kein Kind mehr.
Nun bist du ein Schöpfer.
Und eine Schöpferin.

# Morgentau

Warme Wangen
wagen weiches
schmiegen
angenehm, gediegen
wie wir hier liegen

Seelen zeigen
sich die Sinne,
zarte Seiten
Höhen, Breiten,
die sich prickelnd weiten

Innehalten, Herz entfalten,
schöne Zeiten,
Schmerz entladen
in Gefühlen Baden
liebende Nomaden